STEFAN NEMITZ

WEGEKREUZ

STEFAN NEMITZ

WEGEKREUZ

GEDICHTE 1988-1994

RE DI ROMA-VERLAG

Bibliografische Information der Deutschen Nationalbibliothek:
Die Deutsche Nationalbibliothek verzeichnet diese Publikation in der Deutschen Nationalbibliografie; detaillierte bibliografische Daten sind im Internet über http://dnb.ddb.de abrufbar.

ISBN 978-3-86870-172-2

Frontispiz: Caspar David Friedrich, *Kreuz an der Ostsee*, um 1808

www.rediroma-verlag.de
11,95 Euro (D)

Wie ist das klein, womit wir ringen,
Was mit uns ringt, wie ist das groß.

Rainer Maria Rilke

I

LENZ DES LEBENS

AUS DEN JAHREN
1988-1992

Lebensjahr

Jeder Frühling ist ein Schreiten ins Licht.
Er weckt die Neugier in deinem Gesicht.
Du gehst auf die Reise mit heiterem Spiel
Und siehst in der Sonne das ewige Ziel.

Wenn sommers der silberne Regen fällt,
Knospet und keimet der Same der Welt.
Ein üppiges Treiben, gelüstiges Grün.
Und feurig lässt Amors Pfeil dich erglühn.

Doch nach Süße dürstet der unreife Wein,
Nichts hier auf Erden kann ewiglich sein.
Keines darf allezeit herrschen und steigen,
Alles muss wachsen, sich wandeln und neigen.

Wenn die Rose dem herbstlichen Nebel weicht,
Machen Raureifblüten das Sterben ihr leicht.
Obschon das Leben im Kleinen verweht,
Im Flusse die Allheit auch weiter besteht.

Denn selbst im Winter unter weißem Frost
Erhält sich des Daseins geheime Kost.
Dein Leben gleicht einem langen Jahr,
So sieh es als Sinnbild immerdar.

Nach der Abschlussfeier

Schlangenlange Chaussee –
Aschiger Asphalt
Verbaut und vertraut –
Schlehdorns Schatten
Schwärzen den gramen Graphit –
Laternenlicht träufelt Trauer
In leichenblassen Lettern
(Mannigfach vervielfacht
Auf blauen Blättern) –
Seltsame Samstagnacht

Letztmals streif ich
Die Straße entlang –
Die Schulklasse scheidet –
Das Mosaik meines Mai zerfällt –
Bunte Bilder gelebt
Bald geklebt
An kahle Kasernenfassaden –
Zerbrechende Zellen
Illustrer Illusionen
Verblauen
Ergrauen

Nichts ist so vergänglich
Wie Jugend –
Nichts so haltbar

Aber gestern war ich jung

Magisches Mahagoni
Filtert die flackernde Freude
Aus unseren Herzen.
Die Jugend verlässt
Die allgesehne Kneipe.
Mit kläglichen Klängen
Treiben wir ans Ufer
Einer kolossalen Kolonie.

Noch einmal wirft
Die gestreifte Schönheit
An der Bar
Mit Tigerblicken um sich.
Und wir sehnen uns
Nach dem Lila
Frischgelaunter Veilchen.

Ganz fest umfassen wir
Das verzierte Glas
(Als könnten wir es halten!)
Und der köstliche Rebensaft
Lädt uns ein zu vergessen.

Wir süffeln ihn
Wie Schiffbrüchige
Die Hoffnung
Aus einem grünen Ozean.

Kommiss

Kahlkaltkarger Kasernenkerker:
Kolonie der Kolonnen und Kommandos.

Kadavergehorsam und Katzbuckelei.
Knebeln. Knechten. Kneten.
Krächzen. Krakeelen. Krawallen.
Konformieren. Kontrollieren. Konspirieren.

Kokardenkacker und Kokolores.
Kriecher und Kratzer:
Kreuzbrav und kreuzdumm.

Kleinmütig. Kleinmut. Kein Mut.
Kleinkriegen. Kleinkrieg. *Mein Krieg!*

Fremder Frühling

Klabastre durch die Kaserne
Mit Blicken
Aus apathischen Augen.
Der Märzregen massiert
Den bocksteifen Boden,
Das griesgraue Gras.
Blutlos blarren
Die Birken.
Ein dünner Duft
Von Frühling
Zischelt in den Zweigen.
Wie schön das doch
Immer war –
In jedem Lenz,
In jedem Jahr.

Heute weint Waffengrau
Aus winterwunden Wolken.
Und weint um
Zerronnene Zeit.

Die kreuzlähmende Knarre
Killt meinen
Kopflosen Körper.

Ach farbloser Frühling,
Du fremder Freund!

Wegekreuz

Meinungsfreiheit der Meinungslosen,
Fahler Duft von welken Rosen.
Freidenker werden vom Denken befreit.
Zeitlos ist die lose Zeit.
Demokratie der Demagogen:
Selbst der Betrug wird noch betrogen.

Nicht der Rede wert

Täglich zerplatzen tausend Luftschlösser
Und zwei Verzweifelte
Geben sich den Gnadenschuss.
Tausend haben noch keinen
Perser unter den Füßen
Und zwei kein Dach
Mehr überm Kopf.

Sensationen

Das Leben
Ist langweilig:
Schon ewig
Keine Leiche mehr,
Kein UFO
Überm Roten Platz,
Kein Sexopfer
In der U-Bahn.

Mutter, mach
Die Glotze an!

Heilung

Die Zeit heilt
Alle Wunden.
Wer heilt
Die wunde Zeit?

Ostdeutsche Chronik

Zeit der Banalität
Zeit der Bananen
Zeit der Banausen

Wende

Frei wie ein Vogel
Wollte ich sein.
Heute bin ich
Vogelfrei.

Moderne Gerechtigkeit

Freie Fahrt für freie Bürger,
Doch ansonsten nichts als Ärger.
Wohlstandsschnee ist längst verharscht.
Alle werden gleich verarscht.

Ein deutscher Tod. Sophie

Deutschlands Stiefkind ist erfroren:
Weise Sonne Sophie, Opfer von Gerüchten
(„Hat einfach so ins Gras gebissen!“).

Die ungerührte Mutter spitzt die Ohren.
Einige Leute, die nicht möchten,
Dass viele Leute vom Kindsmord wissen.

Germanischer Wahlspruch

Aller guten Dinge
Sind drei:
Klammern,
Klauseln
Und
Kleingedrucktes.

Einteilung

Ich kenne
Drei Arten
Von Menschen:
Die einen töten,
Die anderen
Werden getötet,
Und die dritten
Schauen
Lächelnd zu.

Gelernt

Ein Mensch lernt vieles:
Er lernt rennen,
    Ohne zu rasten.
Er lernt schwätzen,
    Ohne zu schweigen.
Er lernt horchen,
    Ohne zu hören.
Er lernt sehen,
    Ohne zu suchen.
Er lernt fliegen
    Und flieht
    Vor sich selbst.

Erfrierende Menschen
    Frohlocken im Eismeer:

Sie lehrten mich lachen
    Sogar noch im Leid.

Vulkan

Sein Mund bleibt stumm,
Seit er die Menschen kennt,
Selbst wenn ihm etwas
Auf der Seele brennt.

Er hat keine Worte
Für das, was er fühlt.
Drum sagen die andern,
Er sei unterkühlt.

Es hüllt der Vulkane
Gipfel zwar Eis,
Doch drunten im Krater
Ists siedeheiß.

Wohl dem, in dessen Seele
Sich Hoffnungsglut regt,
Weil er auch mit Würde
Den Alltagsfrost trägt.

Schweigen

Schweigen:
Torheit
Und Sinn.
Schweigen:
Verlust
Und Gewinn.

Schweigen:
Ein Seil,
Das nicht reißt.
Schweigen:
Keiner ahnt,
Was du weißt.

Deine Augen

Wirkliche Worte
Erreichen die Welt
Durch die Sprache
Deiner Augen.

Dein Mund kann reden:
Einreden und reinreden,
Vorreden und nachreden,
Wundreden und widerreden,
Mitreden und zerreden,
Anreden und überreden,
Schönredend sich rausreden.

Deine Augen
Entdecken dich.

Rückschau

Aschgraues Antlitz,
Wegmüde Worte,
Bleierner Blick.

Trügerische Träume,
Sieche Sinnlichkeit,
Mutloser Mut.

Er hat den anderen
Gefallen wollen.
Das war sein Fehler.

Verlust

Das Menscheninnere
Geht verloren,
Wenn dir
Auf dem langen Marsch
    Die Sehnsucht fehlt
    Nach Sonne, Staub
    Und Regen,
Dem Sein
    Der Sinn entgleitet,
Das Bewusstsein
    Zertrümmert liegt
    Im Geldkäfig.
Die haben verloren,
Die sich selbst genügen
Mit ihrer Kraft.
Meist lügen
    Lachende Propheten.
Mein Quell:
    Das Blatt,
    Das Asche war.

Bestimmung

Mein Herz soll nicht nur
Zum Schlagen sein
Und meine Nase nicht
Für fremden Mief.
Und meine Ohren wollen
Keine großen Worte
Und die Augen
Nicht nur Zeitungsland.
Meine Zunge soll nicht
Bittres schmecken müssen.
Und die Haut – sie soll
Nicht Kaltes spürn.
Und meine Seele müsste
Rauswollen dürfen.
Doch *in* mir
Bin ich frei.

Einsame Reise

Blattlos klagen die Bäume;
Tränenpfützen stehn auf den Wegen.
Trübe ists
Und Träume
Beginnen sich letztmals zu regen.

Getötet hat mich noch keiner;
Doch meinen Weg umschattete Nacht.
Hoffte nie,
Und viel kleiner
War die Welt als ich früher gedacht.

Weit muss ich noch wandern;
Kalt glänzt der Mond.
Weiß nun:
Die Liebe zu andern
Hat sich bei weitem nicht gelohnt.

Windstille

Es richtet sich
Im Sturm
Das Band.
Man bleibt
Für viele
Unerkannt.

Trabanten

Lebensstationen
Umkreisen deinen
Inneren Planeten
Wie blassgelbe Monde:
Bald zunehmend und
Bald abnehmend.

Lebensprinzip

Alles betrachten,
Vieles bezweifeln,
Mehreres bedenken,
Einiges beherzen,
Weniges befolgen,
Nichts belächeln.

Sich beharrlich
Befragen,
Sich bewegend
Begreifen.

Keinen belehren,
Keinen bekehren,
Bescheiden begehren.

Auslegung

Leben:
Unterwegs sein.
Liebe:
Austausch von
Augenblicken.
Träume:
Das geheimnisvolle
Zweite Ich.
Der Tod:
Magische Stufe
Ins Alles
Oder Nichts.

Was bleibt

Alles geht vorbei:
Die schönste Liebelei,
Die größte Schweinerei,
Die bittersten Sorgen.
Dein Leben verweht
Und nichts besteht –
Nur die Hoffnung
Auf morgen.

Unmerklich

Während mein Gesicht ruht,
Schlägt mein Herz.
Wenn mein Mund lacht,
Trauert meine Seele.
Ich sterbe unauffällig,
Solange ich lebe.

Erfahrung

Du musst ja
Gar keine
Erfolge
Haben!

Du musst nur
Von ihnen
Erzählen
Können.

Unerträglich

Schmerz wäre erträglich,
Wenn man ihn anderen
Zeigen dürfte.
Aber man muss lachen,
Damit die anderen
Ertragbar sind.

Selbstbesinnung

Deine Freunde beraten,
Werten Worte und Taten
Und helfen im Leiden,
Indem sie dich trösten.
Doch wer legte die Saaten,
Die dich befreiten
Und wirklich erlösten?
Du!
Drum musst du auch
Selber entscheiden.

Sittlichkeit

Die Beschlipsten
Und Seriosen
Verlieren
Am allerschnellsten
Die Hosen.

Trauer

Tränenlose Trauer
Ist traumverlorene Treue.

Tränenselige trainieren
Trügerische Trübsal
Und trachten
Nach andrer
Treuherzigem Trost.

Der Tränenlose trauert
Dreifach.

Der Alkohol

Fülle deine Sorgen und Zweifel
In ein Glas Wein und leere es.
Sei dir sicher:
Sie fressen dich morgen von innen.

Leidenschaft

Leidenschaft
Schafft Leiden.
Aber Leiden vermeiden
Hieße Leben vergeben.

Die Zeit

Es gibt ein Rad,
Das muss sich drehn;
Und einen Pfad,
Den musst du gehn.
Es gibt ein Glück,
Das muss dich finden;
Willst du zurück,
Dann wird es schwinden.
Es ist ein Arm,
Der will dich heben
Durch Freud und Harm
Ins wahre Leben.

Das Glück

Das Glück ist ein Wandrer:
Es zeigt sich in vielen Gestalten.
Hast dus erkannt
Und willst du es halten,
Fands schon ein andrer.

Der Augenblick

Er zeigt, wie in Sekunden
Deine Hoffnung zerschellt.
Er zeigt dir das Geheimnis
Der höheren Welt.
Er bricht deine Ketten
Und auch dein Genick.
Nur er ist lebendig:
Der Augenblick.

Der Mensch

Der Mensch
Schreitet voran:
Einen Fuß
In der Steinzeit
Und den anderen
Im Paradies.
Doch wo
Bleibt er selber?

Freundschaft

Ein verzaubertes Meer:
Man taucht in die Tiefen
Des andern
Und findet auf dem Grunde
Sich selbst.

Sehnsucht

Mich streichelt die Sehnsucht,
Weich und ungewollt;
Fährt mir durchs Haar
Mit gespannter Kraft.
Ein schütteres Lachen
Über Ruinen von einst.

Ungestillte Gier
Nach dem herrischen Blau
Eines Sommertages;
Lichtgetönt,
Doch zerbrechlich
Durch eiliges Wort.

Verfallen dem Blick:
Gewohnt, geübt,
Blassblau lächelnd
Aus ihren Augen.

Woher das Gefühl,
Schneeweiß
Mit schwarzen Pfoten
Nach Sternschnuppen
Greifen zu müssen,
Jemandem zu gehören,
Wenn Wunder
Endlich sind?

Erste Enttäuschung

Verletztes Vertrauen,
Mädchen im Schnee;
In eisigem Grauen
Verharrt der See.

Mit Träumen, verflognen,
Schneeschlummert das Ried,
Damit der Betrognen
Kein Unglück geschieht.

Die Schneewiese greint,
Der Himmel blarrt blau,
Und lautlos weint
Die werdende Frau.

Verwundbar

Dein glühender Atem benetzt mein Gesicht.
Mein Herz pocht im Puls deiner Liebe.
Nacht feilt den Schlüssel für jene Tür,
Die wir einmal im Leben nur öffnen.
Ich bin ohne Furcht,
Unverwundbar durch das Bad
Im roten Quell deiner Jugend.
Das Blatt der Sinnlichkeit
Deckt derweil mein Herz
Und sperrts fortan höherem Schutze.
Du allein kennst seine tödliche Spur.

Noch oft heißt mich das Leben
Unter Menschen gehn.
Drum näh mir, Liebste,
Kein Kreuz aufs Gewand.
Die Angst um unsre Liebe
Teile nur mit mir,
Denn Hagen weiß viele Verstecke.

Letzte Zuflucht

Die Tage der Rosen verblühn
Und entsinken ihrer warmen Hand:
Reisende ohne Gesichter und Namen;
Kaltlächelnd keuchende Körper,
Lauwarme lichtlose Lust.
Ihre Liebe blieb allein.

Heimatlose Augen spiegeln traurig
Den Kerzenschein:
Sie möchte weinen;
Brackig bitterer Brunnen,
Tödlich trockene Tränen.
Ihr Schmerz heißt Schweigen.

Sie baut sich eine Arche aus Hoffnung
Und treibt einsam auf entmenschtem Meer;
Wütend wetternde Wellen,
Fiebrig fressende Flut.
Eine Insel ist nirgends.

Zum letzten Mal
Schickt sie die Taube:
Ich seh von ferne ihr Schiff;
Sachte sinkende Sehnsucht,
Glaubenlos glimmendes Glück.
Des Ölbaums Blatt
In meiner winkenden Hand.

Liebe

Die Frau
Sucht ihre Stärke
Im äußeren Gehabe
Des Mannes.
Der Mann
Will seine Schwäche
Im sinnlichen
Körperspiel
Der Frau
Vergraben.

So ist
Die Liebe
Für den Menschen
Heutigentags
Meist dazu da,
Um von sich
Fortzugehn.

Fortuna

Ich werfe meine Karten hin,
Und Hoffnungsblätter fallen.
Ein Glückstag,
Weil ich nicht mehr bin
Enttäuscht von allem und allen.

Seitdem ich weiß,
Sie mag mich gern,
Und unsre Erden beben –
Ist mir alle Sorge fern,
Möcht ich ewig leben.

Mädchen aus Moskau

Sie bezwingt in einer bronzenen Barke
Die blaublütig brausende Brandung,
Die leidenschaftlich lohende Lichtflut
Meiner Liebe.
An ihren bräunlich brennenden Brüsten
Verglüht mein Verlangen,
Und wie Phönix ersteht aus der Asche
Ein neuer Mensch: *Ich*.

Schaurige Stürme scheiden uns.
Träume treiben in tückischer Trift,
Die gischtwiegende Wellen verweben.
Und Liebe heißt Ferne,
Heißt Nahsein,
Ist Sehnsucht nach beidem.

Tags fällt mit dem Goldgelb
Der Birkenblätter
Meine Wonne aus den Wolken
Und wandelt sich abends
Im leuchtenden Lichtermeer
Der herbstlichen Hochhäuser
Zum feurigen Fels der Begehr,
Um nicht zu zögern,
Nicht zu zagen,
Nur zu sein
Der Grund ihres Glücks.

Wie ein Kondensstreifen
Am Kristallgewölbe
Öffnet sie heimliche Horizonte,
Bringt sie Bewegung
In das grämende Grau
Meiner Einsamkeit.
Und schleicht als bleiches Kind
Durch den silbernen Vorhang
Der Nacht.

Ihre Heimat liegt
In den Sternen.
Und so wachsen mir Flügel,
Sie zu suchen,
Zu ziehen meine Bahn
Von Stern zu Stern
Und niemals zu rasten.

Die süße Säure ihres Blickes
Ätzt das bizarre Bild
In meine stumme Staffelei.
Sie ist der Baum des Lebens,
Der Stern,
Der mir fiel,
Irgendwo –
In einem andern Land.

Lebe jetzt!

Es führt mich ihre bleiche Hand
Ins Heimatland,
Wo unsre weltgedrückten Seelen
Sich vermählen.

Es spendet mir ihr stummer Blick
Dies Lebensglück:
Das stete Zerfallen und Schwinden
Zu verwinden.

Es flüstert mir ihr warmer Kuss:
Es gibt im Dasein nur ein Muss.
Und fordert, wenn er mich benetzt:
Lebe jetzt!

Sie sagt

Sie sagt,
Meine Augen
Belügen sie nicht.
Sie sagt,
Meinen Worten
Misstraue sie nicht.
Sie sagt,
Mein Aussehen
Wäre es nicht.
Sie sagt,
Einen andren
Begehre sie nicht.
Sie sagt,
Sie liebt mich
Wie ihr
Zweites Gesicht.

Tut mir leid,
Mein Mädchen,
Das bin ich nicht!

Vertrautheit

Wir brauchten
So viel Wärme,
Dass wir uns selbst
Nicht mehr riskierten
Und schwebten
Auf Taubenschwingen
Nach Afrika.

Sie stürzte
Ins Meer.

Trennung

Eine Spur von Triumph
Ist in deiner Stimme.
Keine Träne,
Die Kummer verrät.
Dein keimfreier Blick
Lässt mich schaudern.

Vielleicht

Vielleicht habe ich mich in dich verliebt,
Vielleicht auch nicht.
Vielleicht, weil es dich nur einmal gibt,
Vielleicht auch nicht.

Vielleicht werd ichs dir nachher sagen,
Vielleicht auch nicht.
Vielleicht kann ich dein Nein ertragen,
Vielleicht auch nicht.

Vielleicht wirst du noch heute mein,
Vielleicht auch nicht.
Vielleicht bleib ich nicht mehr allein:
Das wär – viel leichter.

Versäumte Gelegenheit

Ich kann es nicht fassen:
Du warst hier,
Mit deinen blassen
Haaren bei mir.

Von Mondlicht gebleicht
Auf Pflasterstein,
Hat Nacht nicht gereicht,
Durft es nicht sein,

Dass Zeiger stehen
Ganz einfach ab jetzt.
So musstest du gehen,
Noch unbenetzt

Vom Strahl der drei Worte
Im Kerzenschein.
Am seltsamen Orte
Blieb ich allein.

War total im Tran
Nach Abschiedsblicken.
Die Zeit vertan
Mit sinnlosem Nicken.

Warst weg – ich rannte
Lange im Kreis,
Durch müde Straßen
Auf Sterneneis.

Wollte nur halten
Das kurze Glück,
Nicht ganz erkalten
Im Augenblick.

Ich trank aus Bäumen
Den Lebenssaft.
Zu mutigen Träumen
Gab Wein die Kraft.

Das eisige Kissen
Am Fenster zuhaus;
Mit schlechtem Gewissen
Starr ich hinaus.

Das Dunkel flieht
Vorm Dämmerlicht,
Und nichts geschieht –
Nur dies Gedicht.

Das alles bist du für mich

Ich hocke unter der
    Sternbeglänzten Silberpappel,
Und Gedanken schweifen
    Ins Uferlose.
In dem Geäst vernehme ich ein
    Leises Säuseln,
Und selbst die Gräser flüstern
    Im Abendhauch.
Der Baumschatten hängt über
    Tränenfeuchtem Grund.
Überall duftet es Frühling.

Und ich muss immer
An dich denken:
    Das Säuseln in den Zweigen,
    Das Flüstern der Gräser
    Und die Träne im Sand –
Das alles bist du für mich.

Solange

Solange du sie nicht geküsst hast,
Berührt dich ihr blutiger Mund.

Solange du ihr Haar nicht gestreichelt,
Weht es durch deinen Traum.

Solange ihre Augen noch neugierig sind,
Dürfen deine Blicke sie treffen.

Solange die Liebe stumm bleibt,
Kann sie sprechen.

Denn oft welkt die Liebe,
Sobald sie sich zeigt.

Zwei Mädchen

In der einen sah er
Die lustvolle Lust;
In der anderen
Den menschlichen Menschen.

Er wollte beides
Und blieb allein.

Floskel

Zu oft gestanden,
Zu oft verraten,
Zu oft gesagt:
Ich liebe dich.

Wie oft geleugnet,
Wie oft vernebelt,
Wie oft gedacht:
Ich liebe dich nicht.

Bitte

Hör mir zu,
Aber belausche
Mich nicht.

Sprich mit mir,
Aber bedränge
Mich nicht.

Nimm von mir,
Aber bestiehl
Mich nicht.

Erheb
Keinen Anspruch,
Dann schenk
Ich mich ganz.

Sonderbar

Durch Liebe
Zu einem Menschen
Liebe
Zur Welt.

Durch Enttäuschung
Von einem Menschen
Enttäuscht
Von der Welt.

Einzige Chance

Zwischen Freundschaft
Und Liebe.

An die Bienen

Ein Tag verblüht am Himmelskleid,
Ein Bruchstück meiner Lebenszeit.
Die Welt ist grau, die Welt ist trist,
Solange du nicht bei mir bist.

Der Mond, der überm Hochhaus thront,
Verrät, wozu das Leben lohnt,
Und grient mit scheuem Gönnergrienen:
Wie war das doch gleich mit den Bienen?

Nachtnelke

Ich kann es nicht leugnen: Du bist das Glück.
Kein Zweifel, kein Zögern und kein Zurück.
Schmiegst dich an mich, du warme Frau,
Und machst meine Sehnsucht himmelblau.

Liegst wie en trance neben mir.
Will dich berühren für und für,
Mich letzen am sinnlichen Silber der Nacht.
Haben geschwiegen, geweint und gelacht.

Dein Körper sättigt wie warmes Brot.
Ich war schon viel zu lange tot.
Auf tauben Füßen verrinnt die Zeit.
Du hast mich von mir selbst befreit.

Regentropfen

Wir beide stehen
Am Flussufer.
Es regnet.
Tropfen rieseln herab
Und tauchen
Den Frühlingsabend
In ein lebendiges Grau
Und fallen leis
In dein Gesicht,
Auf deinen Körper.
Gern wär ich
Ein Regentropfen
Im reihergrauen April.

Der Sonnenstrahl

Wir stöbern kleine Sünden auf
Am Fluss, dem blauen Begleiter.
Träume nehmen freien Lauf;
Der Sommertag ist heiter.

Ein Sonnenpfeil fällt auf dein Haar
Vom Himmel, dem goldenen Gral.
Das Leben ist reich, die Liebe rar;
Drum küss ich dir den Strahl.

Liebesinsel

Die Sonne lacht im Flusse
Und spiegelt ihr Gesicht.
Wir zwei liegen am Ufer;
Traumtief, dicht an dicht.

Das Glück umfängt uns beide
Zwei Stunden oder drei.
Das Blätterdach der Weide
Verschweigt die Zärtelei.

Mag einst die Zeit vertreiben
So manchen schönen Traum –
Uns wird die Sehnsucht bleiben
Nach Fluss und Weidenbaum.

Nach einem Abschied

Der Abend verblasst
Mit dem flüchtigen Schein des Zuges,
Der dich aus meinem Herzen riss.
Blaue Zigarettenkringel
Ertrinken in der wässrigen Luft,
Und im regennassen Asphalt
Schimmert mattgrau der Abschied.
Laternenlichter zerfließen im Niesel
Der traumlosen Nacht
Und weinen mir Mut
Aus fahlbleichen Augen.

Die Bäume stehen kahler
Und die Büsche leerer noch,
Und durch den Nebel
Geistern bleischwere Worte
Und folgen meinem Schatten.
Sie werden dauern,
Dunkeln meine Erinnerung.

Der Herbst faucht seinen rauen Atem
In die Wiese, und die Frostschwangre
Wimmert vor Scheideweh.
Im schwebenden Sterben
Tanzt faunisch das Laub,
Und mit ihm
Der Hauch deiner Liebe.

Nachtgedanken

Und wieder ist es Nacht;
Und wieder zwingt mich das Vakuum,
An dich zu denken.
Der Gedanke, wir lieben nicht mehr,
Lässt mir alles sinnlos erscheinen.
Das Nichts versetzt mich
In Wertherstimmung.

Zuweilen wünsche ich mir, ich wäre tot;
Und um mich herum wäre Stille,
Eine schmerzlose Stille,
Schläfrig und schwarz.
Aber es wäre eine Stille ohne dich;
Also auch nicht zu ertragen.

Im Zimmer lauert die Leere;
Geisterbleiches Gefängnis.
Ich suche die Hintertür.
Welt ohne Wunder.
Raum ohne Rettung.
Mir bleibt nur der Wahn.

Es gibt keinen Ausweg:
Ich muss die Drangsal dulden,
Das dumpfriechende Dunkel;
Beschwören das Gericht der Liebe
Mit einem Liebesgedicht.

Sicherer Port

Der Tod streckt
Seine Finger aus,
Will mich ins
Dunkle ziehen.
Ich mach zum Schutz
Mir Verse draus,
Doch Verse
Sind geliehen.

Kunstverfremdung

Was hat der Künstler dargestellt?
Wie hat es der Künstler dargestellt?
Was will uns der Künstler damit sagen?

Wiederkehr

Die Dinge vergehn im Lauf der Jahre;
Bestand hat nur das Wandelbare.
Als Regen sinkt das Meer hernieder:
Alles kehrt symbolisch wieder.

Universum

Wunderwelt Kosmos
Blick zu den Sternen
Mystische Dimension
Abwendung –

Studium meiner Hände
Mein Auge im Spiegel
Subtilste Struktur
Auch hier –

Eine Spur
Ewigkeit im Haar

Die wahren Philosophen

Wenn ihr euch nicht ändert
Und den Kindern gleich werdet,
Dann könnt ihr in Gottes neue Welt
Überhaupt nicht hineinkommen.
Matthäus 18,3

Am Himmel prangen die Sterne.
Wie? fragt die Wissenschaft.
Warum? fragt das Kind.

Kinderblick

Nichtgespielte Unschuld
In blauen Kristallen.

Zeitlauf:

Früh keimen
Gesteckte Lügen.

Fragen an einen Wissenschaftler

Es halten sich auch geistige Potenzen
In längst vorherbestimmten Grenzen.

Wie kommen die Inseln ins weite Meer?
Er sagt mir: *Gesetze. Von alters her.*

Und wie wurde Leben aus bloßem Sand?
Er sagt: *Durch Eiweiß, das daraus entstand.*

Und wie ward aus der Zelle ein Menschensohn?
Er sagt mit Betonung: *Durch Evolution.*

Was führt die Planeten seit Urzeiten schon?
Ganz einfach, sagt er, *die Gravitation.*

Ich frag nun:
Warum gibt es Inseln im Ozean?
Warum fing der Stein zu leben an?
Wozu Entwicklung bis der Tag sich neigt?
Ich bedaure den Denker,
Der jetzt schweigt.

Was gibt dem Leben
Sinn und Gewicht?
Der Mann: Er redet,
Doch er antwortet nicht.

Gelehrter im Grünen

Heut ist er riesengroß.
Unermesslich erscheint ihm
Sein Geist.
Die Hand am Kinn
Und die Stirn in Falten
Fasst er die ganze Welt.

Wie Spielzeugautos huschen
Die Alltäglichkeiten vorbei.
Er könnte sie zertreten.
Zögert jedoch.

Sieht die Landschaft:
Samtgrün umwoben
Und warmerdig riechend,
Regenschauer tilgend
Und Rauschwolken sendend
In den Märchenhimmel
Einer zartrosa Sonne.

Nur heute ahnt er:
Ich bin unsterblich!

Bekenntnis im Wald

Die Sonne träufelt auf die Lichtung
Der Schöpfung ewigliche Dichtung.
Der Himmel weiht sie blauazur.
Gott ist das Leben, Gott ist Natur.

Gebot

Glaube an die Dinge,
Die du siehst,
Denn nur dann
Kannst du auch
An das glauben,
Was hinter
Den Dingen ist.

Der Glaube
Ist viel offenbarer
Als die Prediger
Zugeben wollen.

Konfession

Meine Religion sind meine Sinne:
Ich glaube, was ich rieche und schmecke,
Was ich höre und fühle,
Was ich sehe.

Ich glaube an Gott,
Der das WORT ist
Aus den Buchstaben
Der Welt.

Von Menschen und Würmern

Der Erdenwurm
Ist ein Herdenwurm:
Parteien und Päpsten erlegen.

Der Regenwurm
Ist ein Segenwurm:
In Sümpfen sich regen bringt Segen.

Seelsorger 1989

In der Gattung der Geistlichen
Finden sich zwei Spezies:
Hirten, die sich um ihre Schafe kümmern,
Und Heuchler,
Die ihr Schäfchen ins Trockne bringen.

Märzsonne 1990

Klärchen leckt den Reif vom Fenster,
Fette Tropfen werden draus.
Wasserschwangre Schweifgespenster
Gleiten an der Scheibe aus.

Von meinem weißen Traum bleibt nur
Eine trübe Tränenspur.

Frühlingsabend. Elbe

Binsenbärtige Buhnen
Grünübergrastes Gestein
Löwenzahn im Lehmluch
Mücken und Moderruch
Strudelnder Strom
Beschilft und befischt

Einschlummernde Eichen
Wispelnde Weiden
Raben und Reiher
Wiesen und Weiher
Haschender Hecht
In grauweißer Gischt

Blutiges Blau
Im zwinzelnden Zwielicht
Hauchfeiner Himmel
Glasklar gewischt
Silbermondsichel
Wasserglanzwunder
Sternenstrahlen

Ein Tag verlischt

Hochwasser bei Nacht

Kolumbus wusste,
wovon er ausging,
aber nicht,
wohin er fuhr.
André Malraux

Die Schatten der Bäume liegen träge
Auf dem bewegten Grau,
Das die Nacht erfüllt.
Ein bleierner Teppich bedeckt
Die Wiesen.
Im scharfen Südwest windet sich lebhaft
Das Wasser.
Geräuschvoll schlagen Tropfen aus Eis
Von den Blättern der Büsche
Ins seltsame Meer.
Im kalten Mondlicht gleichen Wellen
Silbernen Fischen.

Pfähle – von Menschenhand geschaffen –
Ragen hilflos
Aus dem unermüdlichen Gang
Der Naturgesetze.
Augen der Angst und Bewunderung
Blicken
Ins Ungewisse.

Rastlos sucht die Strömung
Nach neuen Bahnen.
Ziellos – im Augenblick erscheinend –
Drängt sie zielwärts
Im gierigen Sog
Der Notwendigkeit.

Ahnt nichts
Von Meeren noch Ozeanen
Und wird sie dennoch erreichen.
Unsichtbare Narben der Zeit
Prägten ihren Weg.

Die Hoffnung: ein anderer Ozean.
Ich bin der Tropfen.
Manchmal – glaube ich –
Ist es leichter,
Mit Meeren zu reden
Als mit Menschen.

Lenz des Lebens

Im Schlehdorn schmilzt der letzte Schnee,
Er steigt herab auf Stufen.
Frühling äugt durch die Allee,
Zu neuem Werk berufen.

Ich gehe mit gemachem Schritt
Den Pfad erwachten Lebens.
Der Weltenwinter, den ich litt,
War keinen Tag vergebens.

Oft hab in meiner Jugend
Den Hals ich ausgerenkt.
Ach Frühling, welche Tugend:
Man hat, was man verschenkt!

Am Fenster

Langstielige Laternen
Atmen Abend aus.
Im Nebelnachen naht die Nacht.
Schon schimmert
Schlohweiß Sternenschnee.
Gestirne glimmen Glück.

Flügelnder Flieder
Vorm fernsichtigen Fenster:
Blicke berühren Busch und Baum.
Scharen wilder Schattenbilder.
Sinnverwirrend, sinnverweht.

Weltfremde Welt
In zuen Zimmern:
Fensterlos, gespenstergroß.

Mit beiden Beinen
Im Leben stehen;
Mit beiden Augen
Das Leben sehen.

II

JENSEITS DER MAUERN

AUS DEN JAHREN
1992-1994

Menschen und Bäume

Mein Nachbar sagt stets dasselbe,
Sein Hirn ist ein Warenhaus.
Anders die Bäume der Elbe
Bei Windstill und – gebraus.

Mein Nachbar hats nur mit Preisen,
Kein Sterblicher kriegt ihn rum.
Anders der Elbbäume Weisen –
In steter Stille stumm.

Mein Nachbar in greisem Grimme
Verfällt mit seinen Jahren.
Wie anders kann Baumesstimme
Jugend offenbaren!

Anachoret

Um mich herum das Meer der Sinne:
Werbung, Porno, Geldgewinne.
Zweifel werden abgespeist;
Entgleister Geist zumeist verschweißt,
In Volksfeindfolie formatiert –
Ultra supra ungeniert.

Schweigt mit euren Narrennöten,
Die mir meine Zeit nur töten!
Wer was und wann und wo gesagt,
Wer wem worüber wie geklagt,
Wer wovor warum erschrickt,
Wer wen weshalb wie oft gefickt.

Ich passe nicht in euer Reich,
Die Sahnesorgen sind mir gleich.
Test the East and test the West –
Alles das gibt mir den Rest.
Lüge, Laster, Leistung, Lohn –
Welt des Scheins, auf deinem Thron.

Dem Mammon seicht als Lamm gestiftet,
Habt ihr mich nach und nach vergiftet.
Dienst du nicht gemeinem Zwecke,
Alter Denker, dann verrecke!

Justiz

Eine alte Geschichte:
Das Menschengericht
Verfügt Gerüchte
Und rügt das Gesicht.

Frei nach Marx

Der Schein
Bestimmt
Das Bewusstsein.

Auto-Didakten

Die Kinder sind schlauer
Als in früheren Tagen:
Sie kennen Autoklassen.
Doch den Nachwuchs
Nach Namen von
Blumen zu fragen,
Solltest du lieber lassen.

Fortschritt

Einkaufen
Heißt heute
Shopping.

Angekettet

Das Bewusstsein:
Ich war gewesen,
Ich bin noch,
Ich werde sein.

Eine Handvoll Träume,
Heißt es,
Brauche man schon:
Einen Arm,
Der dich umfasst;
Einen Mund,
Der das fade Wasser
Von deinen Lippen trinkt.
Damit ließe sichs leben.
Auch in Deutschland.

Aber ihr:
Einen Schnaps und eine Schnulze,
Einen Gebrauchtwagen und einen Gott,
Ein Hobby und ein Horoskop,
Moneten, Mallorca, Melittakaffee.

Keine Hyazinthe,
Keinen Hiob
Und keinen Hölderlin.

Ein fremdes Gesicht im Spiegel:
Sehnsucht nach der blauen Blume,
Indien, das Buch vom Blütenland –
Weltflucht in die Welt.

Die Wahrheit ist tot,
Das Deutschtum verroht.
Es war immer dasselbe:
Immer die anderen
Und immer wieder
I c h .

Zweckwidrig

Gott gab den Menschen die Sprache,
Sich zu verbünden durch Worte.
Wir nähren die Fremdwortretorte
Und werden uns fremd durch Mache.

Der Germanist

Knallbumbum –
Seele baumeln lassen.
Den Marktwert der Sprache
Taxieren wollen.
Barbarisch mit dem Messer
Wehtun, Herr Professor.
Mit gesundem Menschenverstand,
Mit allem Verlaub
Und unserer gütigen Zustimmung.

Pi mal Pleonasmus,
Orthoepischer Orgasmus:
Da haben wir den Sinn
Des Gedichts!
Oder war da noch mehr?
Hemhmhmhmne ...
Nein, weiter nichts.

Drei Tauben

Ich gebe ihnen Krumen Brot:
Zwei Tauben haben ihre Not,
Denn eine kann sehr viel vertragen
Und kämpft, die andern zu verjagen.
Und während zweie bescheiden picken,
Sieht man die dritte hacken und zwicken.
Endlich hat sie die beiden vertrieben
Und will nun fressen, was ihr geblieben.
Sie stürzt mit der Fülle ihres Gewichts
Zum Futterplatz – und findet nichts.

Relativitätstheorie

Alles ist relativ:
Die Arbeit, das Geld, das Streben.
Nur zwei Dinge sitzen tief:
Anfang und Ende im Leben.

Möchtegern

Er schafft wie ein Berserker
In seinem Wohnhauskerker,
Der prunkvoll und sehr teuer ist,
Weshalb den eignen Dreck er frisst.

In seinem Schlosse hochmodern
Schwitzt Tag für Tag Herr Möchtegern,
Dass Birnentropfen fließen –
Und kann doch nichts genießen.

Im Garten zarte Lilien stehn,
Die er gesetzt, doch nie gesehn.
Und seine Stube mit Kamin
Verwöhnt nur manchmal abends ihn,
Wenn Möchtegern bis in die Nacht
Seine Schuldenrechnung macht.

Dann rast sein Herz, sein Kopf verglüht,
Steine drücken sein Gemüt
Vor lauter Qual der Wahlen,
Vom Todesstahl der Zahlen.

Sein Leben dünkt ihn grau und trist,
Weil er es nur nach Nutzen misst.
Als einzges Glück ihm taugen
Die scheelen Nachbarsaugen,

Wenn Möchtegern, des Abends spät,
Durch die verzierte Türe geht.

Und wird in andern Tagen
Er einst herausgetragen,
So ists bestimmt ein Supersarg,
Der seine Knochen aufbewahrt.

Und in preziösem Trauertrab
Kommt weinend an sein Marmorgrab
Ein Weib mit Nobelschlitten
Und jungfräulichen Titten.

Paradox

Häufig sind
Stille Wunder –
Selten ist
Stille Bewunderung.

Nervus Rerum

Wir reden nur noch vom Geld:
Wo hab ich was bestellt,
Wie hab ich wen geprellt,
Wer hat sich zu mir gesellt,
Was macht die Unterwelt.
Wie der Dollarkurs fällt,
Wer Prinz X unterhält,
Ob man die Steuer behält,
Wie mans dem Nachbar vergällt.

Die Bank gewählt,
Die Scheine gezählt,
Die Seele gestählt,
Bei nichts gefehlt:
Die Reden vom Geld.

Geldwäsche oder Marx modern

Kapitalien aller Spender,
Reinigt euch!

Einstellungsgespräch

Sein teures Hemd sitzt.
Der Anzug steht ihm.
Das Geschäft läuft.
Die Worte fließen.
Sein Gewissen schweigt.

Sein Papa sitzt im Landtag.
Die Bank sitzt in Genf.
Er saß schon mit einem Bein ...
Er wird nie sitzen.

Kein Hauch von beklommen,
Vom Luxus benommen,
Der Selbstwert vollkommen:
Angenommen!

Wellness

Nikotin fördert Krebs –
Ich rauche nicht.
Ideale verwirren –
Ich brauche sie nicht.
Wissen beunruhigt –
Ich bin kein Streber.
Trinken schadet –
Es frisst die Leber.
Liebe erfüllt nicht –
Mein steriler Mund.
Ich lebe im Glashaus –
Aber ich lebe gesund.

Büchsen-Beat

Büchse Bier, Büchse Cola,
Büchse hier, Büchse da.
Sixpacks füllen ganze Taschen:
Überall nur Flaschen.

Guter Umgang

Wenn abends wir beisammen sind
Im Freundeskreis bei Wein,
So weht ein böigbanger Wind
In unser Zimmer ein.

Gespräche sind oft hart und knöchern,
Gebauschte Geckgeschichten.
Alles hockt zum Start in Löchern,
Will von sich selbst berichten.

Und fragt, wenn es dann zwölfe schlägt
Und man ganz brüderlich
Sich drückend auseinandergeht:
Was wärt ihr ohne mich?

Motive

Theo liebt Thea –
Er liebt ihr Gesicht.
Thea liebt Theo –
Sie liebt ihn aus Pflicht.
Werner liebt Wera –
Er liebt ihren Geist.
Wera liebt Werner –
Weil der so gern reist.
Friedrich liebt Frieda –
Er liebt ihr Geld.
Frieda liebt Friedrich –
Sein Bizeps gefällt.
Peter liebt Petra –
Sie stellt keine Fragen.
Petra liebt Peter –
Und auch seinen Wagen.

Sie gehen wie Diebe
Dem Lack auf den Leim.
Was ich an dir liebe,
Das weißt du allein!

Jesus und der Kardinal

Eminenz fraß Austern,
ER brach das Brot.
Es war jedes Jahr Ostern
Und jeden Tag Not.

Eminenz schwamm im Geld,
Der ANDRE ging baden.
Heut nährt ER die Welt,
Eminenz nährt die Maden.

Religiöse Begrenzung

Im Namen des Staates,
Des Lohnes
Und des eiligen Geistes:
R a h m e n .

Grausame(s) Ahnen

Dringender Rat an meine Landsleute:
Bringt am besten noch heute
Euren deutschen Stammbaum in Ordnung,
Damit ihr nicht schon morgen
An einem deutschen Stamm baumelt.

Neue Rechte

Der deutscheste aller Bäume sei die Eiche,
Weil der Arier ihrer Stärke gleiche.
Für mich ists eher der Gummibaum,
Denn hier schlägt jeder Dummie Schaum.

Unrechtslehrer

Hie hatte sich was zusammengebraut:
Ost und West unter einer Haut.
Und seine Ideale geklaut.
Und auch die Zukunft noch verbaut.
Da nahm er einen langen Strick
Und brach sich das marode Ostgenick.

Aufgetrennt die wunde Naht:
Lehrer gewesen im Unrechtsstaat.
Drum kriegte er den dritten Part
Der Rente eines westlichen Studienrat.
Das konnte er nicht verwinden.

Kein Frühling mehr in den Linden.

Sohin bereut, beschimpft den Osten –
Es gibt bestimmt noch einen Posten!

Ossis Klagelied

Früher durfte ich wenig sagen,
Doch es fanden sich offene Ohren.
Heute kann ich vieles wagen –
Meine Worte sind verloren.

Arbeitslos

Die Nacht will kaum noch schlafen.
Der Montag schwärzt wie Teer.
Vor einem Jahr entlassen,
Das Ehebett ist leer.

Er schlurft zum gelben Kasten.
Die Postfrau war schon da.
Brigitte hat geschrieben
Aus Gran Canaria.

Abgestürzt

Sein Geist dachte immer geradlinig
Bis zum Wahn der schiefen Bahn.

Im Kopf der diffuse Schimmer eines Traums,
Den er nicht zeichnen, nur verwischen kann.

In seinen Augen Übermensch,
Ward er Untermensch in anderer Augen,
Die Mitleid bloß schminken.

Darum muss er trinken.

Rauschgift

Er hätte es ihr sagen sollen
Lang, bevor sie verdarb.

Der Schnee war leichter als Worte
Damals, als sie starb.

Amerika

Weltgendarm mit stählernem Arm:
Zu Land, zu Luft, auf See
Ein blutiger Streif –
The American way of life.

Radiomeldung

Die durch amerikanische Soldaten
Versehentlich getöteten Zivilisten
Stünden in keinem Verhältnis
Zu den Verhungerten in der Bevölkerung.

Kommentar:
Auch nicht der Preis
Für ein Gramm Pulver
Und ein Kilo Brot.

Wortspiel

Über Menschen reden
Unter Menschen frieren
Mit Menschen brechen

Übermenschen reden
Untermenschen frieren
Mitmenschen brechen

Somalia

Ein Klumpen Blut klebt an der Mauer,
Davor eine Schwarze in schwarzer Trauer.
Am Stadtrand lärmen Jeeps und Haubitzen,
Die uns Weiße vor schwarzer Trauer schützen.

Man sitzt daheim in warmen Sesseln
Und hört von jenen Hexenkesseln.
Über Verlierer fällt kein Wort:
Unsere Söldner siegen dort.

Jugoslawien 1993

Mensch! Willst du weder Glatze noch Falten,
Musst du dein Mittagsschläfchen halten!
Mach ein X dir für ein U,
Genieß die wohlverdiente Ruh,
Ganz sanft wirst du entrücken.

Doch der kleine Kroate mit Krücken
Lässt nicht schlafen dich und ruhn:
Du musst leben, leben und tun!

Das Schlafen sei den Toten vorbehalten ...

Diktatoren

In Moskau auf dem Alten Arbat*:
Fahnen mit Stalins Zügen.
Zum Hohne der Toten des Archipel Gulag –
Sie handeln, feilschen, betrügen.

In Berlin an einem Stande:
Hitlers *Mein Kampf*, gedruckt.
Hybris in deutschem Lande
Schluckt den, der auch nur muckt.

Name ist alles
Und überall Brauch.
Die Gefühle rauchen
Und schallen im Bauch.

**berühmte Fußgängerzone mit Geschäften und Museen*

Typischer Tourist

Er sieht alles
Mit dem Mund
Und erst dann
Mit den Augen.

Russische Provinz

In Serpuchow quälten mich Kakerlaken.
Das Hotel von Twer hatte keine Laken.
Die Toilette in Tula stank grauenvoll.
Die Elektritschka* nach Klin war übervoll.
In Kaluga bekam ich lange kein Brot,
Und nur Hartgeld half aus mancher Not.

Es war mir in Russland kein Urlaub beschieden:
Nur von dem ewigen *ich bin zufrieden.*

**Vorortzug*

Scheremetjewo*

Der Silbervogel hat Verspätung.
Russland bei Nacht.
Ich friere mich furchtlos.
Ich hoffe heimatlos.
Individuen inspizieren mich
Interesselos.

Am andern Morgen drück ich
Dem nächsten Penner
Eine Mark in die Hand,
Lach ihm ins Auge.

**Moskauer Flughafen*

Abendstimmung in Sokol bei Minsk

Nur halb noch glimmt Klärchen am Firmament
Als fragiles Friedensfruchtfragment.
Weiße Wolken wiegen die Neubauten ein
Hinter grünen Hügeln auf totem Stein.

Juli Einundvierzig: Das großdeutsche Reich
Macht Weißrusslands Perle dem Erdboden gleich.
Der Himmel steht düster im Aschewehen:
Vergangenes wird nie vergehen ...

Die Jahre gebaren ein neues Land,
Doch horizonthin weht das blaue Band
Der alten Wurzeln und Quellen noch wohl:
Ich aß hier die besten Piroggen mit Kohl.

Mitternacht

Katrinchen aus Leipzig ist längst im Bett.
Papa schaut einen Film über Dealer und Dirnen.
Vater Iwan aus Minsk greift sein Töchterchen nett:
Er trinkt draußen Wodka, und sie futtert Birnen.

Gorbatschow

Der russische Präsident hat ein Statement gegeben.
Babka Olga sitzt vor der Glotze.
Sie hat einen leeren Brotkorb daneben
Und heult nun Wasser und Rotze.

Vielleicht kanns ja die Nachbarin borgen,
Denkt sie, und ihre Augen zischen:
Der sollte sich auch mal am Morgen
Den Hintern mit Interviews wischen.

Grund

Ob es Gott und den Himmel gibt?
Natürlich hat einer die Babuschkas lieb,
Die in Moskau mit dicken Socken
Am Metroeingang hocken,
Von Hunger und Kälte und Menschen gequält.
Es ist jemand, der ihre Seufzer zählt.

Sie falten ihre fleckigen Hände
Und starren an die schwammigen Wände
Des Tunnels zwischen Kiosk und Klo.
Nur ein Gedanke macht sie froh:
Dass einmal vorbei ist das Leben.
Drum Gott, es *muss* dich geben!

Letzter Abend in Moskau

Für Lilia Alexandrowna Krotkowa

Greif noch mal zu und schmause,
Morgen geht es nach Hause,
Nach Deutschland!

Wir können dort essen,
Das haben Sie wohl vergessen
Hier in Russland?

Nein, aber das Wenige teilen
Heißt gemeinsam verweilen
Im Niemandsland.

Sibirien oder Jakows Krönung

Er ist vor Frost in halbem Koma,
Und es verwöhnt ihn kein Aroma.
Nur Berge, Wälder, Eis und Schnee:
Ach hätt er einen Malzkaffee!

Bettlerin aus Murmansk

Ihr rechtes Auge geschwollen,
Die Hoffnung Alkohol.
Zwei dünne Tränen rollen
Als Dank und auf mein Wohl.

Sie kauft einen schlechten Madeira,
Der kommt aus Turkmenistan.
Und träumt von der Sowjet-Riviera*
Und von einem guten Mann.

**Sotschi*

Stadt am Weißen Meer

Mit Heidelbeeren im August
War Murmansk reich gesegnet.
Hatte lang nicht aus noch ein gewusst
Und bin mir dort neu begegnet.

Als Pilzsucher im Gebirge,
Der den grausen Winter kennt.
Als Pracher im Ladengewürge
Der am nassen Eingang pennt.

Ich sah die weißen Nächte
Über dem giftigen Hafen stehn.
Ich habe das Gute und Schlechte
Nie dichter beieinander gesehn.

Fünf Tage lang nur Regen,
Fünf Tage war ich dort.
Nun lebt mein Herz verwegen
Im blauen Nordlicht fort.

Obdachloser in Jekaterinburg

Die Morgensonne kitzelt
Den grauen Bahnhof wach.
Ein kleiner Bube witzelt.
Der alte Mann liegt flach.

Durchs Schmutzhemd graut sein Leibchen
Mit der letzten Gabe,
Nebst Kamm und Brot (zwei Scheibchen):
Seine ganze Habe.

Er liegt in Blasenfüllung
Hinan bis zu den Zehn,
Die blau vor Unterkühlung
Und keinen Schritt mehr gehn.

Auch morgen weckt die Sonne
Den Bahnhof wie bisher.
Nur vor der rostgen Tonne
Ist wohl kein Leben mehr.

Begräbnis bei Perwouralsk

Michalkow ist gestorben
Im Dienst auf der Autobahn.
Ich sehe das große Begängnis
Nur zufällig mit an.

Die ganzen Kollegen kommen
Mit ihren Autos her,
Mit Lastern, Bussen, Taxis.
Die Wolken hängen schwer.

Und auf dem ersten Wagen
Kranz und Totenschrein.
Die blassen Bauern am Wege
Lassen ihr Tagwerk sein.

Vorm Grab ein letztes Grüßen
Wie unter Fahrern Brauch.
Sie legen ihm eine Hupe:
Und manchmal hupt sie auch.

Der Ural

Die meisten Lexika schreiben:
Ein Gebirge, das Erdteile trennt,
Wo sich Geister aneinander reiben,
Weil keiner den anderen kennt.

Von Asien setzt ich eins meiner Beine
Nach Europa, das haarnah sich windet:
Bein zwei bliebe völlig alleine,
Wärs kein Ort, der Kontinente verbindet.

Lermontow

Blumenbunte Wiesen, die den Berg umreichern,
Weißer Stein darinnen blitzt.
Baumrecken, die die Sonne speichern,
Strahlenbündig, blauerhitzt.

Romanfiguren in grünen Kutten
Wiegt der Wind, der milde scharfe,
Genau wie junge Hagebutten
Am Fuß des Bergs, die Äolsharfe.

Daselbst Petschorin oft gestanden
Und badete im blauen Zug
Des blauen Vogels nach fernen Landen
Über Beschtau, Elbrus und Maschuk.

Schwefel gelbt in flechtgen Ritzen,
Sonne flirrt im krausen Kolk.
Seh traurig den Poeten blicken
Auf Pjatigorsk und auf sein Volk.

Der Kaukasus glüht weit und offen,
Ferne funkelt der Gigant.
Und es ward sein Herz getroffen,
Spürte er die kalte Hand

Des Tods. Ein hinterspinniger Rebell
Schlug ihm feig drei Wunden.

Man hatte nach dem Scheinduell
Hier Russland tot gefunden.

Noch heute grünen grün die Matten
Am goldnen Berg Gorjatschaja.
Unter hinter des Poeten Schatten
Steht schneebrüstig der Elbrus da.

Abschied am Schwarzen Meer

Das Meer berauscht. Ich habe nüchtern
Dein Lebewohl betrunken.
Zypressenkegel, schwarzgrün schüchtern,
Stehn in Nacht versunken.

Ich nahm, für deine Welt zu scheu,
Beschämt das Silberstück.
Es duftet feucht, verstocktes Heu,
Darin warst du mein Glück.

Am Wiesenrain (Und nicht allein)

Der Himmel ist blau.
Grün wirbt der Klee.
Braun lacht die Erde
Und rot der Mohn.
Die Sonne guckt gelb.
Schwarz schiebt dein Haar
Meinen Alltag fort.
Und es sage mir keiner:
Liebe macht blind!

Sommerbild

Wir träumten uns
Die gurkengrüne Böschung hinab,
Schwalbenflügelten durch
Curacaoblaue Himmel.

Sinngebung

Unser Gesicht hat
Hundert Variationen,
Weil alle Menschen
Woanders wohnen.

Nur bei dir zeigt sich
Mein Auge unverklärt,
Und darum ist das Leben
Lebenswert.

Tarnung

Vieles, was ich tue,
Ist Tarnung, Versteck,
Ist Gittertür –
Vorm zweiten Selbst,
Vor mir und dir.

Heimweg zur Freundin

Sternlose Stadt
Milchiges Matt
Gedrückte Gesichter
Leblose Lichter
Bahnen und Busse
In fieberndem Flusse
Entfremdetes Frieren
Im Heute und Hier

Bittersüßes Beben
Leidlustvolles Leben
Das belebte Blut
In flaumzarter Flut
Von erglimmendem Glücke
Treibt mich Stück um Stücke
(Ach verliebtes Verlieren!)
Vor die traute Tür

Sekunden

Ich schreibe dir mein schönstes Gedicht
Auf deine Nase, in dein Gesicht –
In deine Augen, die glanzvoll klaren,
Als Rückenwind in deinen Haaren –
Auf deine weichen weißen Wangen,
Die mir so glückversprechend prangen –
Und streif dazu aus gutem Grund
Mit durstgen Lippen deinen Mund,
Der zarter noch als tauende Haut
Im Herzen samtne Schlösser baut –
Und dann, im Senken deiner Lider,
Kehrt täglich uns die Liebe wieder.

Unterscheidung

Ich liebe an dir nicht nur,
Dass du dir so viel aus mir machst,
Sondern dass du so viel
Aus mir gemacht hast.

Vor einer Trennung

Als wir in dem Zimmer saßen
Brachen Wände meine Worte
Und töteten
- den Tag
Da wir über morgen weinten
Stach die Laterne
Durch das Fenster
Und verewigte dich
- für Sekunden
Wenn ich verloren bin
Sollst du
Nur dastehn einfach
(Gedankenlaterne)
Und leuchten
- für mich

Roter Lavastein

Das grüne Land sich rings erhebt
Im blassen Abendscheine.
Ganz leise, zaghaft, sanfte bebt
Die Luft im Buchenhaine.

Und unaufhörlich glüht ein Sehnen,
Glüht wie roter Lavastein.
In den Augen schwere Tränen:
Schöne Welt, ich bin allein!

Lieg im Gras am seichten Bache,
Liebeszauber rauscht dahin.
Denken richtet sich auf Rache,
Böses kommt mir in den Sinn.

Ihre Augen suchend blicken
Nach einem andern Lebensglück.
Alte Süße hinkt an Krücken,
Keiner holt sie je zurück.

Müdigkeit kriecht in die Bäume,
Seelenruhe kehret ein.
Es erwachen milde Träume,
Nebel spinnt sie sorgsam ein.

Und vom duftgen Himmel stürzet
Eine neue Melodie:
Eine, die mein Leid verkürzet,
Lächelt fast genau wie sie.

Üble Nachrede

Ohne ein Wort
Ging sie fort.
Ohne Reue
Kam sie aufs Neue.

Ende und Beginn –
Wer kennt euren Sinn?
Wer weiß den Grund
Für Kommen und Gehen?

Sonderbar:
Jene, die neben uns stehen.

Zweisamkeit

Ein Wort zu viel,
Ein Kuss zu wenig:
Bald ist sie Spiel,
Bald er ein König.

Ein bunter Garten
Aus Schnee und Wein:
Dies tatlos Warten
Und Königsein.

Vergleich

So, wie das Laub,
Von der Sonne beschienen,
Nicht durchschaubar wird,
Nur schöner,
So ergehts
Einem Menschen
Durch Liebe.

Dünne Luft

Wenn ich meine Stirn in Falten zieh,
Fragt sie mich besorgt: *Hast du Kopfschmerzen?*
Ich antworte mit ehrlichem Herzen: *Nein.*
Dann atmet sie auf und erstickt.

Das Wort

Am Anfang war das Wort,
Das ich in deinen Stammbaum schrieb.
Es war, verdorben und verdorrt,
Floskel- und auch fluchumflort,
Das Einzige, was blieb.
Vielleicht hast dus gefressen –
Den Grund zu perfidem Erpressen.
Grau wars dir und fürchterlich,
Das Wort zu haben und nicht mich.
Du sagtest es wie einen Tort.
So ging ich letztlich
Wortlos fort.

Zeit zu gehn

Langsam senkt sich Nacht hernieder,
Leise tönt der Tag mir nach.
Halbschlaf streichelt weich die Glieder,
Nur die Seele atmet wach.

Seh am Fenster blaue Bilder,
Blasse Schatten schweben ein.
Und mein Auge schauet milder,
Und mein Herz begehret dein.

Fühl den leisen Ruf mit Schwingen
Sanft sich heben in die Welt.
Hör das süße Lied verklingen
Unterm weiten Himmelszelt.

Wiege mich in kühlen Träumen,
Schließ des Lebens letzten Bund.
Und erwach in lichten Räumen,
Streif im Tod den bleichen Mund.

Abend im Februar

Brach liegen die Nächte
Rattenkahl
Baumskelette wüst
Im Schattenstrom der Zeit
Laublos leblos
Klammt Frost das Geäst
Die Sohlbank
Blank im Überschwang
Des gusseisern' Regens
Drauf kümmert
Kuranzt kupiert
Mein Körper
Im wässrigen Schnee
In Leidenslivree
Kurier mich
Kurtisane sacht
In Grabesnacht
Entsteig deiner Festung
In Sekundendrasch
Auf Zeit versteht sich
Mehr kann nein
Mehr darf nicht sein
Hier vor zwischen nach uns
Nur zwei Minuten
Ach eine nur
Komm bitte
Hilf mir auf

Winterwunsch

Im polarnen Haar
Der Eisglanz des Monds
So zwischen Nord- und Südpol
Hin- und hergerissen
Die Mitte missend
Wissend
Am Äquator quellst du
Urgewalt im Urwald
Dort wo das Wort
Seine Wirkung verliert
Schreibst du schweigend
Mein schönstes Gedicht
Vergrab es nicht
Denn knapp ward die Luft
In den Grüften
Winterwunder
Der irdische Psalm
Wird rettender Halm
Gemeinsam einsam
Mein schwacher Puls
Und dein luftleichtes Lächeln

Unverhoffte Wendung

Ist meine Zeit umsonst gewesen?
Fast jeder Vers blieb ungelesen.
Und Liebe hat nie lang verweilt:
Der Reim für kurze Zeit geheilt.

Der Sommer ist mir jüngst verregnet
Und niemand unterdes begegnet.
Ich stehe vor des Herbstes Tür
Und klopfe an ... Du öffnest mir.

Gefühl regt sich mit neuer Macht
Wie Dämmergrau nach langer Nacht.
In deinen braunen Augen steht:
Lieb mich, morgen ists zu spät!

Finde und suche

Jenseits der Mauer,
Die die Piste trennt
Vom freien Feld –
Jenseits der Trauer,
Die Menschen verbrennt
Wegen Geld,
Weht der Wind flauer,
Blickt Himmel blauer,
Ist sonneerhellt.

In lichten Wäldern,
Drin Bäche sich winden,
Umraint von Buchen –
Oder auf Wies und Feldern,
Die mit Wolken sich binden
Und Mauern fluchen,
Blüht die Blume den Blinden,
Wirst du sie finden,
Dann suchen.

Unterwegs

Viele Städte hat mein Blick gestreift,
Und nur langsam ist die Frucht gereift,
Die kaum der Zweig des Lebens trägt,
Wenn Weltwind durch das Astwerk fegt.

Viele Lippen hat mein Mund berührt
Und schrittweis auch mein Herz gespürt:
Der Jugend Blüte ist verdorrt –
Nun such ich sie an anderm Ort.

Von meiner Seele schrillen Schreien
Kann nur das Reisen mich befreien,
Denn unter fremder Himmel Land
Bin ich, der Fremde, mir verwandt.

Überall und zuhause

Mancher Mensch muss reisen,
Weil Heimat ihn verriet,
Weil er in fremden Gleisen
Einen Ausweg sieht.

Andre Menschen bleiben
Bis an das Grab daheim,
Verkümmern hinter Scheiben
Den Lebensspross im Keim.

In mir der Heimat Wunden
Zieh weltwärts ich hinaus.
So bin ich alle Stunden
Überall zuhaus.

Lob des Reisens

Einen Ort verlassen
Zu dürfen –
Noch nicht die Schatten
Des neuen spürn.

Freund Hein

Dein Leben ist ein Gott –
Ein wilder, ein milder:
Er sammelt im Herzen
Deiner Sehnsucht Bilder.

Drum müh dich, dass am Ende
Der Vorrat reicht,
Weil der Tod nicht dem Geld,
Nur den Bildern weicht.

Schöpfung

Gottes ewige Handlung
Ist der Dinge Wandlung.
Vergänglich Zement,
Der Steine bindet.
Vergänglich Lehre,
Die Vergänglichkeit kündet.

Vergänglich Gebote,
Die Gesetz gebaren.
Vergänglich wir,
Die nie Menschen waren.

Vergänglich der Kuss,
Vergänglich das Muss.
Vergänglich der Leute
Lüge und List.
Vergänglich, was
Nicht Gottes ist.

Vergänglich Bach
Und Fluss und Meer,
Vergänglich der Wolken
Weißes Heer.
Vergänglich der Tropfen,
Der Regenschauer:
Einzig das Wasser
Ist von Dauer.

Rauchen im Regen

So kehret sich
Der Bogen des Lebens
Zu allem Anbeginn:
Ringweise,
Kringelweise,
Tropfenweis,
Kreis um Kreis ...

Großstadt-Gedicht

Es verlöscht der Lichter Gefunkel:
Jedes birgt ein Buch.
Doch den Vers wirft das Dunkel
In sein schwarzes Tuch.

Wenn dann irgendwo eine Kerze brennt,
Weil einer die Menschen kennt,
Und sie kennen ihn nicht –
Dann entsteht ein Gedicht.

Kunstverständnis

Für wen Gedichte nur
Gedruckte Worte sind,
Für den ist der Mensch
Ein unbeschriebenes Blatt.

Stern von Bethlehem

Die roten Sterne
Zersprangen.

Das Hakenkreuz
Ist vergangen.

Am Kreuze Golgatha,
Dornbekränzt –

Ein Stern nur,
Der uns ewig glänzt.

Influenza

O dass ihr mich ändern müsst
In eurer Güte!
Ich solle einzig sein
Normal,
Damit nicht auffiele ich
Mit euch vor andern,
Damit ihr ihr sein könntet
Und ich mit euch
Nichts sein,
Die ihr zu mir gehört
Durch Blut, Beruf und Beischlaf.

O dass ihr mich ändern müsst,
Ihr, die ihr Berge wandeltet
Nur nicht euch,
Die ihr Seuchen banntet,
Pest und Typhus –
O dass gerade euch
Ängstigt mein kleiner Schnupfen.

Musensohn

Ozeangleich.
Tief und grenzenlos.
Innen laut.
Außen stumm.
Manchmal weise.

Den oberen Gesetzen
Gehorchen:
Dem Wind.
Der Stille.
Die schönen Inseln
Nur umspülen
Dürfen.

Grenze

Der Künstler kauft Farben im Geschäft:
Tuben ohne Zahl.
Er malt eine Blume in sein Heft:
Sie *ähnelt* dem Original.

22. Geburtstag

Für stolzen Geist die beste Kur
Ist der Zeiger meiner Uhr.
Wie oft mag er sich drehen,
Bis meine Sinne verwehen?
Ach, ich muss mich sputen!
Noch zwanzig Millionen Minuten,
Und ich bin sechzig Jahre alt.
Das hab ich mir heute ausgemalt.
Nachts schlief ich fünf Stunden,
Es warn dreihundert Runden
Auf silberweißem Ziffernblatt:
Wohl dem, der offne Augen hat!

FKK

Nicht der, der oben
Ohne geht,
Nur wer ganz oben
Ohne lebt,
Ist bei mir unten durch.

Erwachsen

Nur in der Jugend war das Leben bunt,
Sagt unabwendbar dir die Stund,
Die jeder Mensch einmal durchlebt,
Wo Zukunftsangst im Herzen bebt.

Du hängst dein Hiersein an die Wand
Und hast den Sinn noch nicht erkannt,
Dass selbst, wenn deine Jahre fliehen,
Des Abends goldne Wolken ziehen.

Schicksal

Das, was man sagen will,
Nicht sagen können.
Den, den man lieben will,
Nicht lieben können.
Dem, dem man gehören will,
Nicht gehorchen können.
Der, der man werden will,
Nicht werden können.
Sein der, der man ist.

Seelentröster

Ich habe mich noch nie
So fremd gefühlt wie
Unter diesen vielen Bekannten,
Diesen pflichtlos Verwandten,
Diesem schwülen Schatz –
All diesen guten Menschen,
Zu denen ich gut sein muss.
Das ist ihr Ersatz für erwiesene Treue.
Und immer aufs Neue
Verkaufen sie mir
Ihre gekauften Geschichten,
Die ich ihnen nicht abkaufe,
Die ich bezahle mit Leben,
Meinem gottgegebenen,
Trottebenen Leben.

Gebauschtes Geschick,
Geknacktes Genick:
Ich bin das Pfand
Ihres Trostes –
Leih ihnen mein Ohr.
Ich törichter Tor
Gehorche der Pflicht,
Entsage ihr nicht.

Alle erheben Anspruch
Auf mich.

Auf mein Glück. Meine Zeit.
Bin ständig zur
Absolution bereit.

Sie wollen nur wissen
Von jenen Sorgen,
Die sie selbstsüchtig
Aus meinem Herzen borgen.
Das Unglück halten sie
Von mir fern
Und halten sich
In der Ferne gern.
Denn alle wollen sie
Nur mein Glück
Stück um Stück
Zurück.

Resignation

Siech lieg ich, ja krank.
Metastasen die Gedanken
An jene Stunden,
In denen mein Schatten
Einen andern traf.
Tage fallen wie Eingeweide
Aus meinem Körper.

Monade

Versuch, die Welt
Gerecht zu wandeln –
Und man wird dich
Sehr schlecht behandeln.

Ball die Faust,
Droh dem Verstand –
Dann frisst man gern
Aus deiner Hand.

So schmachtet Geist
In Bleigewändern –
Er kann nur sich,
Nie andre ändern.

Dennoch

Der Knabe fand ein Hufeisen:
Er stürzte auf dem Anger.
Der Jungfer fiel ein Stern:
Sie wurde nicht schwanger.
Der Kranke bat vorm Kreuz:
Jetzt liegt er daneben.
Und trotzdem glaub ich
An einen Sinn im Leben.

Bürde

Ach, wären meine Nerven
Ebenso stark wie meine Beine,
Die Last, die ihnen auferliegt,
Zu tragen.

Der Papierwolf

Tausend Listen hab ich zeitlebens signiert,
Mit großen Schnörkeln politisch agiert.

Gegen unerlaubte Medikamente,
Gegen eine Kürzung der Altersrente,
Gegen brasilianische Elendsquartiere,
Gegen die Misshandlung der Tiere,
Gegen das Urteil rechter Gerichte,
Das Verbot einer linken Geschichte,
Gegen Saufen und Paffen
Und chemische Waffen,
Gegen prügelnde Cops
Und die Streichung von Jobs,
Gegen Männer mit Bauch
Und Kindesmissbrauch.

Auch wenn sich nichts lohnte,
Man tat, was man konnte.

Ich war gegen alles,
Doch heute und hier
Stell ich mir die Frage:
War ich mal wofür?

Listenreich

Christen
Buddhisten
Hinduisten
Zionisten
Nihilisten

Idealisten
Materialisten
Sophisten
Realisten
Naturalisten

Sozialisten
Kommunisten
Kapitalisten
Anarchisten
Terroristen

Dieser Reim
Füllt
Lange Listen.

Was aber
Reimt sich
Auf

M E N S C H ?

Nistkasten

Eierschalen, weiß verteilt:
Noch gestern hatten sie hier verweilt,
Geschützt durch Eltern und Bretter
Vor Feinden, Wind und Wetter.

Neun Monate, dann wird er geboren,
Ein siebenpfündiger Held.
Auch zu dem einen erkoren:
Hinaus in die kalte Welt.

Friss oder stirb

Auf dem Balkon, zum Sprung bereit,
Hockt die Katze mit gierigen Blicken.
Uralter Spürsinn vermeldet die Zeit,
Und sie harrt in kaltem Entzücken.

Ein Vogel, der drunter Samen pickt,
Ahnt nicht die krallende Kreatur:
Sein schreckvoller Schrei –
Der Satz ist geglückt
Des schuldlosen Meuchlers Natur.

Und während die zierliche Beute
In ihrem warmen Blute ich seh,
Spürt mein Herz überm sonnigen Heute
Den schweren Duft von Schnee.

Laotse

Unser Leben ist hart.
Wir arbeiten hart.
Wir haben eine harte Währung
Und wehren uns hart
Gegen andre.

Der Boden am Flussufer
Ist hart,
Als ich die Härte verlasse.
Schollentreibende Elbe:
Nebeliges Niemandsland,
Wo das Allerweichste
Auf Erden
Das Allerhärteste
Noch auf Dauer besiegt.

Sinnspruch des Sees

Bluffende Blasen siedet der See,
Er weiß kein Leid und auch kein Weh.
Er letzt sich laut im Regen
Und pfeift auf meinen Segen.

Flutend in den flüggen Flieder
Regt Regen an zu denken.
Er schlägt, mich weckend, welthernieder,
Sich freudig zu verschenken.

Und trifft den See und füllt mein Boot.
Vielleicht bin ich schon morgen tot –
Und kann den See nicht sehen,
Wo Fliederbüsche stehen!

Weidenlied

Wohin soll ich gehen
Mit all meinen Sorgen?
Es hat doch heut jeder
Mit sich nur zu tun.

Ich geh an den Fluss
Etwas Sonnenschein borgen
Und um in den Blättern
Der Weiden zu ruhn.

Augustbirke

Der Mond thront mehlig und ganz matt
Am dunklen Dom der Nacht.
Sommer summt in jedem Blatt
Und preist die pralle Pracht.

Der hundert Jahre alte Stamm
Ruht aus vom Sturm des Tages.
Die Zweige zischeln dann und wann
In offne Ohren: *Wag es!*

So wehre ich die wilde Welt,
Reck schwach und stolz die Glieder.
Der Mensch in mir, der euch gefällt,
Er kehret nimmer wieder.

Abendregen

Tropfen fallen in mein Haar
Aus andren Welten, fernen.
Mir ist, als würd ich jeden Tag
Neu zu leben lernen.

Einsam taucht der Regen mich
In wonnevolles Schweigen.
Ach, könnt ich diesen Abend nur
Den andern Menschen zeigen!

Ein schaler Schein, ein Rest von Licht
Lässt Blumen blassrot blinken.
Ich spür die Welt im Augenblick
Ganz leise in mich sinken.

Vorgefühl

Von den Bäumen senkt der Abend
Sich still und erhaben
Auf mein Haupt, meine Glieder –
Sich auf alles hernieder.

Die Äste wenden
Mit noch grünen Händen
Sich dem Mond zu ein Stücke –
Die weiße Perücke

Hüllt sanft ohne Laut
Der Nacht nacktes Haupt
Und versilbert den Sand –
Ich hab IHN geahnt.

Nachsommer

Die Walnussbäume wölben
Ihre Blätter, die gelben,
Der Sonne entgegen ohne Zahl,
Spielhaft spiegelnd Strahl um Strahl.

Dem Greis unter praller Rebe
Trägt Glockenläut zu der Wind.
Dass er nicht mehr lange lebe,
Ahnt nur in ihm das Kind.

So weiht sich denn dem Lichte
Alles Leben der Natur.
Und schmückt zum Herbstgerichte
Sich kühn in Wald und Flur.

Herbsthusche

Der Boden blitzte diamanten,
Als heute dieser Regen fiel.
Die Leute auf der Straße rannten,
Und keiner sah der Sonne Spiel.

Und wie sie durch die Tropfen drang!
Fast honiggelb von oben
War auf Geröll und auf Gerank
Der Thorestrunk zerstoben.

Und wie das Nass die Erde traf!
Millionen Wasserkronen!
Regenfürst und Regengraf
Sah ich in Pfützen wohnen.

Wie war die Luft mit Duft getränkt!
Und meine Augen sogen,
Vom Gang des Daseins reich beschenkt,
Das Bild des Regenbogen.

Weltanschauung

Die Blume wächst
Ohne Weltanschauung –
Aber sie macht
Die Welt anschaulich.

Fernsehen

Fernsehen:
Zweimal täglich
In die Ferne sehen.
In den Kosmos.
In sich selbst.

Aufsteigen
Und Absinken
Der Sonne.
Auf und Ab
Des Ich.

Gestürzte Eiche

Sie wuchs,
Ohne über sich
Nachdenken zu müssen.
Sie wurde
Fünfhundert Jahre alt.

Ratschlag

Es klingt trivial,
Sagt der alte Mann,
Doch genieße deine Tage.
Mach einen Kalender
Mit hundert Blatt
Und stelle keine Frage.

Wird dir dann mal
Ein Glück zuteil,
So ziehe einen Strich.
Und wenn der Kalender
Alle ist,
Siehst du so aus wie ich.

INHALT

I LENZ DES LEBENS

II JENSEITS DER MAUERN